Tim Weidner

Test von Graphen auf Planarität

GRIN Verlag

Bibliografische Information der Deutschen Nationalbibliothek:

Die Deutsche Bibliothek verzeichnet diese Publikation in der Deutschen National-
bibliografie; detaillierte bibliografische Daten sind im Internet über http://dnb.d-
nb.de/ abrufbar.

Dieses Werk sowie alle darin enthaltenen einzelnen Beiträge und Abbildungen
sind urheberrechtlich geschützt. Jede Verwertung, die nicht ausdrücklich vom
Urheberrechtsschutz zugelassen ist, bedarf der vorherigen Zustimmung des Verla-
ges. Das gilt insbesondere für Vervielfältigungen, Bearbeitungen, Übersetzungen,
Mikroverfilmungen, Auswertungen durch Datenbanken und für die Einspeicherung
und Verarbeitung in elektronische Systeme. Alle Rechte, auch die des auszugsweisen
Nachdrucks, der fotomechanischen Wiedergabe (einschließlich Mikrokopie) sowie
der Auswertung durch Datenbanken oder ähnliche Einrichtungen, vorbehalten.

Impressum:

Copyright © 2013 GRIN Verlag GmbH
Druck und Bindung: Books on Demand GmbH, Norderstedt Germany
ISBN: 978-3-656-47153-0

GRIN - Your knowledge has value

Der GRIN Verlag publiziert seit 1998 wissenschaftliche Arbeiten von Studenten, Hochschullehrern und anderen Akademikern als eBook und gedrucktes Buch. Die Verlagswebsite www.grin.com ist die ideale Plattform zur Veröffentlichung von Hausarbeiten, Abschlussarbeiten, wissenschaftlichen Aufsätzen, Dissertationen und Fachbüchern.

Besuchen Sie uns im Internet:

http://www.grin.com/

http://www.facebook.com/grincom

http://www.twitter.com/grin_com

Test von Graphen auf Planarität

Tim Weidner

Universität Ulm
Institut für theoretische Informatik

Zusammenfassung Diese Arbeit behandelt einen einfachen Algorithmus zum Test von Graphen auf Planarität nach Demoucron, Malgrange und Pertuiset. Die wesentlichen Grundlagen der Graphen-Theorie werden wiederholt. Insbesondere die Behandlung von planaren Graphen allgemein und deren Charakteristika erleichtern das Verständnis des Algorithmus.

1 Einleitung

Viele Probleme lassen sich auf Graphen zurückführen. Auf dieser Ebene sind sie einfacher zu lösen und man kann testen, ob deren Struktur planar ist. Planar bedeutet, es existiert eine Einbettung in der Ebene, sodass sich keine Kanten oder Knoten innerhalb des Graphen überschneiden.

1.1 Motivation für effiziente Algorithmen

Die Eigenschaft der Planarität bringt Vorteile bei der Planung von verschiedenen Systemen. Die eigentliche Motivation solche Algorithmen zu erforschen, war und ist eine möglichst einfache Anordnung von Komponenten mit möglichst geringem Aufwand zu finden, sodass deren vordefinierte Verbindungen sich nicht überlagern.

1.2 Elektronische Schaltkreise und Leitungssysteme

Besonders bei der effizienten Gestaltung von elektrischen Schaltkreisen haben Ingenieure mit Hilfe eines Algorithmus zur planaren Einbettung die Möglichkeit Komponenten dichter anzuordnen und so die Bauhöhe zu verringern. Ebenso ist es möglich aufdruckbare Schaltung für Leiterplatten zu gestalten.

Aber nicht nur Elektronische sondern jegliche Art von Leitungssystemen, die in einer Ebene operieren, profitieren von solchen Algorithmen. Die häusliche Versorgung mit Gas- oder Wasserleitungen wird ebenfalls über eine planare Struktur angeschlossen, die sorgfältig geplant werden muss. Bei Gasleitungen bringt eine planare Struktur zusätzliche Sicherheit, bei z.B. einer Explosion. Bei Wasserleitungen ist eine planare Struktur dagegen essentieller, denn eine ebene Struktur benötigt weniger Energie um Wasser auf diesem Weg zu transportieren. Ein noch besseres Beispiel sind Straßen und vor allem Schienen-Netze. Hier ist eine Planung ohne planare Einbettung zwar theoretisch möglich aber mit deutlich höheren Kosten verbunden.

1.3   Einbettung

Je besser die Einbettungen der genannten Systeme mit Hilfe eines Algorithmus geplant werden, umso effizienter sind sie und desto mehr Kosten lassen sich einsparen. Aber lassen sich überhaupt alle Graphen in äquivalente planare Graphen umformen? Und wie kommt man dann zu einer entsprechenden Einbettung in eine Ebene? Diese Fragen werden in den folgenden Abschnitten geklärt, doch zunächst gilt es einige Grundlagen der Graphentheorie in Erinnerung zu rufen.

2   Grundlagen

Ein *Knoten* ist ein Punkt und eine *Kante* ist eine Verbindungslinie zwischen zwei Punkten. Diese Punkte können jedoch auch ein und derselbe sein. Zwei Punkte heißen *adjazent* wenn sie durch eine Kante verbunden sind. Ein *Graph* $G = (V, E)$ ist ein Tupel aus Knoten (vertices) und Kanten (edges). Die Knoten sind dabei durch Kanten verbunden. Die Anzahl der Knoten wird als $|V|$ bzw. die Anzahl der Kanten als $|E|$ dargestellt. Eine Kante kann durch die Menge ihrer Verbindungspunkte dargestellt werden. Beispielsweise seien v und u Knoten von G, dann ist $\{u, v\}$ die Verbindungskante der Knoten. Ein sogennanter *Pfad* ist eine Verbindung zwischen zwei Knoten über beliebig viele Kanten innerhalb eines Graphen. Ein spezieller geschlossener Pfad ist ein *Kreis*, bei dem zudem keine Kante doppelt verwendet werden darf. Geschlossen bedeutet in diesem Fall, dass Start- und Endpunkt identisch sind. Ein Graph G heißt *verbunden*, wenn es einen Pfad vom Knoten v zum Knoten u in G gibt, wobei v und u beliebig sind. *Isomorph* ist ein Graph $G(V_1, E_1)$ zu einem Anderen $G(V_2, E_2)$ dann, wenn beide dargestellten Strukturen bedeutungsgleich sind. Das heißt es gibt eine Abbildung $p : V_1 \rightarrow V_2$ mit $\{u, w\} \in V_1$ sowie $\{p(u), p(w)\} \in V_2$. Ein planarer Graph besitzt mindestens eine zu ihm isomorphe Struktur, die sich in die Ebene einbetten lässt. Eine *Region* ist eine von Kanten eingeschlossene Fläche in einer Einbettung des Graphen in der Ebene. Einen Graphen nennt man *bipartit*, falls sich die Menge seiner Knoten in disjunktive Teilmengen aufteilen lässt, und zwar anhand der Verbindungen der einzelnen Knoten. Daraus folgt außerdem, dass Regionen in einer Einbettung eines bipartiten Graphen immer mindestens 4 einschließende Kanten besitzen. Ein *Subgraph* ist ein Graph der entsteht, wenn man bei einem vorhandenen Graphen beliebig viele Kanten und anhängende Knoten entfernt. Ein *Schnittknoten* ist ein Knoten, dessen Entfernen aus einem Graphen die Anzahl der verbundenen Komponenten erhöht. Weitere Bezeichnungen für Schnittknoten sind auch „cut-vertices" oder „articulation points". Ein *zweifach verbundener* (engl. biconnected) Graph ist ein Graph ohne jegliche Schnittknoten. Das bedeutet, wenn ein Knoten entfernt wird bleibt der Graph weiterhin verbunden. Ein Graph heißt *gerichtet*, falls jede Kante innerhalb des Graphen einen Vorgänger-Knoten und einen Nachfolger-Knoten definiert. Alle Kanten in einem gerichteten Graph sind dann ebenfalls gerichtet. Ein solcher gerichteter Graph heißt außerdem *bidirektional*, falls jede gerichtete Kante eine entgegengesetzt gerichtete Kante über die gleichen Knoten besitzt.

2.1 Definition von Fragmenten [Koh04]

Sei ein Graph $G = (V, E)$ gegeben mit einem Subgraphen $G' = (V', E')$. Dann wird ein Fragment als verbundene Komponente $S = (V_s, E_s)$ von G definiert, sodass $E_s = \{u, v\}$ mit $\{u, v\} \in E \backslash E'$ oder S ist verbundene Komponente von $G \backslash G'$ unter der Bedingung, dass alle Kanten in G noch enthalten sind, die S und G' verbinden würden. Ein anschauliches Beispiel erleichtert das Verständnis.

Zunächst ist auf der linken Seite ein beliebiger Graph G dargestellt. In der

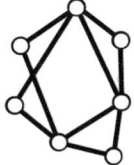 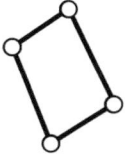 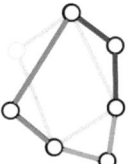

Abbildung 1. G **Abbildung 2.** G' **Abbildung 3.** Fragmente

Mitte sieht man einen beliebig gewählten Subgraphen G' von G. Die farblich hervorgehobenen Kanten im Graphen auf der rechten Seiten bilden nun jeweils ein Fragment S von G unter Beachtung von G'. Ein Knoten in Fragment S ist ein Kontaktknoten, wenn sich durch ihn S mit G' verbinden lässt. Demnach hat jedes der 3 Fragmente genau 2 Kontaktknoten mit G'.

3 Charakterisierung von planaren Graphen

Ein Graph aus Knoten und Kanten ist nur genau dann planar, wenn er in eine Sphäre eingebettet werden kann. Dies ist beweisbar mit Hilfe von *Stereographischer Projektion* auf eine Ebene. Hierbei wird der Punkt an dem die Sphäre auf der Ebene aufliegt, mit dem Punkt X auf der Gegenseite verbunden. Von diesem Punkt aus projiziert man nun jeden Knoten des Graphen, der in die Sphäre eingebettet wurde auf die Ebene. Diese Methode funktioniert auch umgekehrt, wenn der Graph zunächst in eine Ebene eingebettet ist. Daraus resultiert, dass eine Einbettung des planaren Graphen die Ebene in Regionen einteilt. Ebenfalls folgt aus der Methode der Stereographischen Projektion, dass der Graph immer

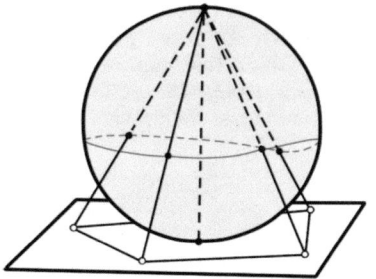

Abbildung 4. Stereographische Projektion

so umgeformt werden kann, damit eine bestimmte Region die Äußere ist und den Graphen umschließt. Ein planarer Graph heißt *maximal*, wenn keine Kante mehr eingefügt werden kann, sodass er noch planar ist. In diesem Fall hat jede Region genau 3 Kanten und 3 benachbarte Regionen.

3.1 Eulersche Formel

In der Einbettung eines planaren Graphen gibt es ein bestimmtes Verhältnis der Knoten, Kanten und Regionen. Die Formel, die dieses Verhältnis beschreibt, lautet: $F = |E| - |V| + 2$ Wobei F für Regionen steht (engl. faces) [Gib85].

3.2 Folgerung aus der Eulerschen Formel für K_5 und $K_{3,3}$ Graphen

Die Formel hilft beim Gegenbeweis zur Planarität der beiden wichtigsten Graphen für den nächsten Satz. Zunächst jedoch müssen noch einige, leicht herleitbare Einschränkungen getroffen werden.

Graphen mit weniger oder genau 3 Knoten sind immer planar. Eine Region hat immer mindestens 3 umschließende Kanten und somit in einem maximalen Graphen auch genau 3 benachbarte Regionen. Um nun eine Beschreibung für das Verhältnis von Regionen und Kanten zu geben, zählt man alle Kanten für jede Region in einem maximalen planaren Graphen zusammen und erhält so $3 \cdot |F| = 2 \cdot |E| \Leftrightarrow |F| = \frac{2}{3} \cdot |E|$, da jede Kante dann zweifach gezählt wird. Daraus ergibt sich nun in Kombination mit der Formel von Euler folgende neue Formel für alle planaren Graphen, wenn man die Regionen durch die vorherige Formel ersetzt: [Gou88]

Für G mit $|E| \geq 3$ gilt:

$$|E| - |V| + 2 \leq \frac{2}{3} \cdot |E| \Leftrightarrow 3 \cdot |E| - 3 \cdot |V| + 6 \leq 2 \cdot |E| \Leftrightarrow |E| \leq 3 \cdot |V| - 6$$

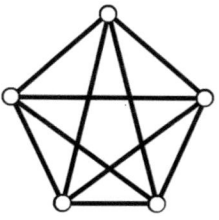 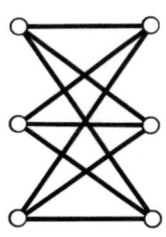

Abbildung 5. K_5 **Abbildung 6.** $K_{3,3}$

Der sogenannte Graph K_5 (Abb. 5) erfüllt diese Formel nicht und ist somit nicht planar.

Für K_5 gilt: $10 \nleq 3 \cdot 5 - 6$

Der Graph $K_{3,3}$ (Abb. 6) erfüllt diese Formel allerdings. Da er jedoch bipartit ist, hat jede seiner Regionen genau 4 umschließende Kanten. Die Formel ändert sich in diesem Fall zu:

$$|E| - |V| + 2 \leq \tfrac{2}{4} \cdot |E| \Leftrightarrow 4 \cdot |E| - 4 \cdot |V| + 8 \leq 2 \cdot |E| \Leftrightarrow |E| \leq 2 \cdot |V| - 4$$

Für $K_{3,3}$ gilt mit der neuen Formel: $9 \nleq 2 \cdot 6 - 4$

Somit ist $K_{3,3}$ ebenfalls nicht planar.

Theorem 1 (Satz von Kuratowski). *Der Satz von Kuratowski besagt, dass ein Graph nur dann planar sein kann, wenn er weder K_5 noch $K_{3,3}$ als Minoren enthält. Ein Graph darf damit weder durch Löschen von Knoten oder Kanten, noch Zusammenführen von adjazenten Knoten, auf einen K_5 oder $K_{3,3}$ Graphen zurück zu führen sein. Aus dem Satz von Kuratowski folgt direkt, dass die Graphen K_5 und $K_{3,3}$ die kleinsten, nicht-planaren Subgraphen darstellen. [Gib85]*

4 Algorithmus

Die vorangegangenen Sätze bieten zwar eine Möglichkeit einen nicht-planaren Graphen zu erkennen, aber es ist nicht möglich daraus einen effizienten Algorithmus zur planaren Einbettung zu entwerfen. Einen alternativen Ansatz stellt der nun folgende Algorithmus dar. Er basiert auf einer iterativen Lösung. Falls möglich liefert er gleichzeitig eine planare Einbettung in der Ebene. Der Algorithmus funktioniert nach einem Prinzip, welches Demoucron, Malgrange und Pertuiset im Jahr 1964 veröffentlichten. [DMP64]

4.1 Vorbereitung [Koh04]

Zunächst werden einige Vorraussetzungen geschaffen, nämlich sämtliche Eigenschaften eines Graphen, die keinen Einfluss auf die Planaritätskriterien haben ausgeschlossen. Ab diesem Punkt wird immer von verbundenen Graphen ausgegangen, denn falls ein Graph nicht verbunden sein sollte, betrachtet man alle verbundenen Teilgraphen separat und gefährdet dadurch die Planarität des ursprünglichen Graphen nicht. Dies gilt, da die Teilgraphen sich unabhängig voneinander in die Ebene einbetten lassen. Ebenso verfährt man wenn sich ein Graph aufgrund von Schnittknoten trennen lässt. Die Teilgraphen verbindet man nach der Einbettung erneut. Aufgrund dieser Vorraussetzungen haben alle Fragmente mindestens 2 Kontaktknoten. Für den Fall, dass ein Graph *Mehrfach-Kanten* besitzt, also beliebig viele Kanten, die dieselben Knoten verbinden, werden diese zu einer Kante zusammengefasst. Sämtliche Kanten, die einen Knoten mit sich selbst verbinden, werden entfernt. Auch Knoten vom Grad 2, sowie ihre Kanten werden entfernt und durch eine Kante ersetzt.

Als Erstes werden ein Graph G, sowie ein Subgraph G' benötigt, um die Planarität von G zu testen. Außerdem definiert man ein Fragment S von G unter Beachtung von G'. Für den Algorithmus muss man zunächst eine spezielle Art der Regionen definieren. Eine sogenannte *zulässige* Region R von G' enthält alle Kontaktpunkte des gegebenen Fragments S. Die Menge aller zulässigen Regionen von S wird definiert als $F(S)$. Zuletzt benötigt man noch eine spezielle Definition eines Pfades in S bei dem die Endpunkte jeweils Kontaktpunkte von S sind. Diesen Pfad nennt man nun α-Pfad. Zwei Fragmente S und T definiert man als *konkurrierend*, falls erstens gilt:

$$F(S) \cap F(T) \neq \emptyset$$

und zweitens, dass für jede zulässige Region $R \in F(S) \cap F(T)$ gilt:

$\exists A \subset F(S)$ und $\exists B \subset F(T)$ welche nicht beide gleichzeitig planar in eine Region eingebettet werden können.

4.2 Algorithmus zur Entwicklung einer planaren Einbettung eines Graphen G [Koh04]

Schritt 1 Als erstes sucht man einen Kreis in G als G'. Anschließend bettet man ihn in die Ebene ein. Ein Kreis ist offensichtlich planar.

Schnitt 2 Berechne alle Regionen von G'.

Schritt 3 Berechne alle Fragmente S von G unter Beachtung des derzeitigen Graphen G' als M.

Schritt 4 Falls $M = \emptyset$, dann ist G' isomorph zu G und gleichzeitig eine planare Einbettung von G.
Der Algorithmus terminiert in diesem Fall.

Schritt 5 Berechne alle zulässigen Regionen für jedes Fragment $S \in M$ als $F(S)$.

Schritt 6 Falls es ein Fragment $S \in M$ mit $F(S) = \emptyset$ gibt, hat der Graph keine planare Einbettung und kann somit auch nicht planar sein.
Der Algorithmus terminiert in diesem Fall.

Schritt 7 Falls es ein Fragment $S \in M$ mit $|F(S)| = 1$ gibt, wähle jenes Fragment S. Gehe zu Schritt 9.

Schritt 8 Wähle ein Fragment $S \in M$ mit $|F(S)| = 2$

Schritt 9 Wähle einen α-Pfad aus S und bette ihn in eine Region $R \in F(S)$ ein. Gehe zu Schritt 2.

4.3 Korrektheit des Algorithmus [Koh04]

Die Korrektheit des Algorithmus wird im folgenden bewiesen.

Lemma 1. *Falls zwei konkurrierende Fragmente S und T existieren, für die gilt: $|F(S)| \geq 2$ und $|F(T)| \geq 2$, dann ist $F(T) = F(S)$ und $|F(T)| = 2$.*

Beweis. Man nehme an, dass $F(S) \neq F(T)$. Dann gibt es mindestens 3 unterschiedliche Regionen f, g und h. Außerdem sei dann $f \in F(S)$ und $g \in F(T)$. Da die Regionen zusätzlich konkurrieren gilt: $h \in F(S) \cap F(T)$.
Nun ist jeder α-Pfad L aus S einbettbar in f und jeder α-Pfad I aus T einbettbar in g.
Daraus folgt, dass jedes α-Pfade-Paar (L, I) außerhalb von h einbettbar ist, aber auch innerhalb. Dies ist jedoch ein Widerspruch zur Definition von konkurrierenden Fragmenten. Daher ist $F(S) = F(T)$. Um nun zu zeigen, dass es nur genau 2 zulässige Flächen gibt, wiederholt man den Beweis mit 3 Regionen $\{f, g, h\} \subset F(S)$. $\square$

Für den Beweis einer iterativen Lösung definiert man zunächst eine partielle Einbettung G' des Subgraphen G' von G, wobei G immer neu durch das Entfernen von Kanten und Knoten vom ursprünglichen G entsteht. Damit ist gewährleistet, dass man die partielle Einbettung zur Einbettung des vollständigen Graphen G erweitern kann. Weiterhin definiert man einen neuen Graphen $S(G')$. Er enthält Knoten, welche die Fragmente repräsentieren, sowie Kanten, falls zwei Fragmente konkurrieren.

Lemma 2. *Falls es eine Einbettung G' von G gibt und falls $F(S) \geq 2$ für alle Fragmente, dann ist S(G') bipartit.*

Beweis. Sei $S(G')$ nicht bipartit. Dann gibt es einen Kreis ungerader Länge $r \geq 3$ mit der Folge: $S_1 - S_2 - S_3 - ... - S_i - S_1$ von Knoten in S(G') und damit von konkurrierenden Fragmenten. Dank Lemma 2 gilt außerdem: $F(S_n) = F(S_{n+1})$ und es gibt zwei zulässige Regionen F_1 und F_2. Um nun die Pfade L_i aus S_i gleichzeitig in die vorhandene partielle Einbettung G' einzufügen und die Planarität zu erhalten, muss man sie abwechselnd anhand von i entweder in F_1 oder F_2 einbetten. Da r allerdings ungerade ist führt diese Vorgehensweise zum Widerspruch beim letzten Schritt, denn i ist ebenfalls ungerade bei $S_i - S_1$. $\square$

Theorem 2. *Falls G gerade ist, produziert jede Iteration eine partielle Einbettung.*

Beweis. Man zeigt dies durch Induktion über n als Anzahl der Iterationen.

$n = 1$: G' ist die Einbettung eines Kreises und Subgraphs von G.

Zu Beginn der Iteration im Algorithmus gibt es für jedes Fragment zulässige Regionen, denn diese sind alle in Abhängigkeit von G' entstanden. Widmet man sich nun den Schritten 7 und 8 können zwei Fälle auftreten.

Fall 1: Es gibt ein Fragment S mit nur einer zulässigen Region. Dann produziert der Algorithmus eine Einbettung $G' \cup L$ mit α-Pfad L aus S, die weiterhin planar ist.

Fall 2: Alle Fragmente haben zwei zulässige Regionen. In diesem Fall bettet man den α-Pfad L aus S in eine zufällig gewählte zulässige Region ein. Mit dieser Methode wird mit der Wahrscheinlichkeit $\frac{1}{2}$ die andere zulässige Region gewählt. Falls die „richtige" Region gewählt wurde behält man die Einbettung bei und erhält so die Planarität aufrecht. Wenn nun konkurrierende Fragmente zu S vorhanden sind, muss man S den Fragmenten-Graphen $S(G')$ zur Hilfe nehmen. Dank Lemma 2 gilt: Es gibt in diesem Fall 2 zulässige Flächen f und g für alle Fragmente in $F(S)$. Außerdem gilt dann, Fragmente eingebettet in f konkurrieren nicht mit Fragmenten eingebettet in g. Wenn man also f und g vertauscht, entsteht eine neue planare Einbettung für G, die wieder auf G' zurückgeführt werden kann. $\square$

Corollary 1. *Der Algorithmus ist korrekt.*

1. Falls G planar ist, berechnet der Algorithmus eine planare Einbettung dafür.
2. Falls der Algorithmus vorzeitig terminiert, weil ein Fragment keine zulässige Region hat, ist G nicht planar.

Beweis. Dies folgt aus dem Theorem. $\square$

Komplexität Die Laufzeit des Algorithmus lässt sich durch $O(|V|^2)$ abschätzen. [Mar10]

5 Datenstrukturen für planare Graphen

Nachdem man einen Algorithmus zur planaren Einbettung eines Graphen entwickelt hat, möchte man ihn natürlich auch gerne praktisch anwenden. Dies ist nur möglich, wenn man dafür eine entsprechend geeignete Datenstruktur wählt. Um einen einfachen Graphen in einer Datenstruktur abzuspeichern eignen sich verkettete Adjazenz-Listen gut [Gib85]. Hierbei werden Kanten zwischen Knoten über die Verknüpfung in einer Liste dargestellt. Der Inhalt der Liste sind dann die Indizes einzelner Knoten. Wenn jede Kante einmal als Verknüpfung auftaucht entsteht eine effektive Repräsentation des Graphen, die einfach durchsucht werden kann. Allerdings berücksichtigt diese Struktur die Besonderheiten eines planaren Graphen nicht.

Für die Implementierung eines planaren Graphen verwendet man den Ansatz einer bidirektionalen Repräsentation [Zie04]. Dabei wird jede Kante in zwei entgegengesetzte gerichtete Kanten geteilt. Diese Struktur speichert für jeden Knoten eine zirkuläre Adjazenz-Liste aller ausgehenden Kanten, durch die sich die vorherige und die nachfolgende Kante bestimmen lassen. Zusätzlich muss jede Kante ihre Gegenkante kennen.

In Abb. 7 werden die Kanten, die mit ihren Nachfolgern eine Region einschließen,

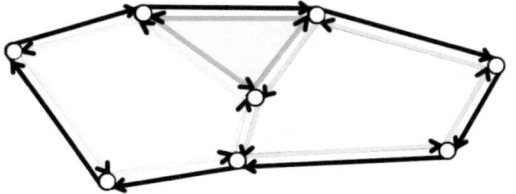

Abbildung 7. Skizzierte bidirektionale Datenstruktur

als disjunktive Teilmengen der Menge M aller Kanten betrachtet. Jede Kante lässt sich einer der 4 entstehenden Regionen zuordnen. Um neue Kanten hinzuzufügen erweitert man einfach die jeweiligen Adjazenz-Listen.

Diese Datenstruktur ist nur die unterste Schicht der Speicherung. Sie bietet keine geometrische Darstellung, die für eventuelle Algorithmen notwendig ist. Eine geometrische, für Menschen lesbare Repräsentation der Daten kann jedoch hierauf aufbauend implementiert werden.

6 Zusammenfassung

Das Testen bei kleinen Graphen auf Planarität von Hand folgt relativ einfachen Gesetzen. Die anfänglichen Algorithmen wie der hier Präsentierte stellen zwar einen einfachen Zugang zur Thematik her, sind in ihrer Komplexität jedoch weit hinter den aktuellen Algorithmen zurück. Glücklicherweise wurden im Laufe der Zeit weitere Algorithmen für dieselbe Problemstellung entwickelt, die es ermöglichen einen planaren Graphen in linearer Zeit zu testen und einzubetten. Der nach Boyer und Myrvold benannte Algorithmus aus dem Jahr 2004 [BM04] fällt in diese Kategorie. Er liefert zusätzlich, falls möglich, eine planare Einbettung.

Literatur

[BM04]   J. Boyer and W. Myrvold. On the Cutting Edge: Simplified O(n) Planarity by Edge Addition. *Journal of Graph Algorithms and Applications*, pages 8(3):241–273, 2004.

[DMP64]   G. Demoucron, Y. Malgrange, and R. Pertuiset. Graphes planaires: reconnaissance et construction de representations planaires topologiques. *Rev. Francaise Recherche Operationnelle*, pages 8:33–47, 1964.

[Gib85]   A. Gibbons. *Algorithmic Graph Theory*. Cambridge University Press, 1985.

[Gou88]   R. Gould. Graph Theory. `http://www.mathcs.emory.edu/~rg/book/chap6.pdf`, 1988.

[Koh04]   A. Kohnert. Algorithm of Demoucron, Malgrange, Pertuiset. `http://www.mathe2.uni-bayreuth.de/EWS/demoucron.pdf`, 2004.

[Mar10]   L. Martinet. Drawing Planar Graphs. `http://perso.ens-lyon.fr/eric.thierry/Graphes2010/lucie-martinet.pdf`, 2010.

[Zie04]   J. Ziegler. LEDA Tutorium - Planar eingebettete Graphen, Maps und Faces. `http://www.leda-tutorial.org/de/offiziell/ch05s02s06.html`, 2004.